AF409622

GUERIR VOTRE ENFANT DE LA MALEDICTION DE LA DELINQUANCE

Alain MATHO TSHIKU

CIP a Camerei Naţionale a Cărţii

Matho Tshiku, Alain.
Guerir votre enfant de la malediction de la delinquance / Alain Matho Tshiku. – Chişinău : Generis Publishing, 2020 (Print on demand). – 50 p. : tab.
Referinţe bibliogr.: p. 49.
ISBN 978-9975-154-18-5.
27-29 M 48

Cover image: www.pixabay.com

Generis Publishing
Online orders: www.generis-publishing.com
Orders by email: info@generis-publishing.com

INTRODUCTION

L'avenir d'une nation dépend entre autres de la qualité spirituelle, morale et intellectuelle de jeunes qui la composent.

Investir à la jeunesse, c'est indirectement perpétuer la survie de la société qualitativement.

De nos jours, nous constatons à notre époque actuelle des comportements déviants caractérisant la jeunesse , qui se traduisent par une conduite allant à l'encontre des règles établies par le pouvoir public, religieux, autrement dit, la délinquance.

Cette délinquance se traduit par de manifestations suivantes : les abus sexuels, les avortements, l'alcoolisme, tenue non descente, le tabagisme, les tueries nocturnes, les vols sur toutes ses formes et j'en passe.

Face à ce désastre social, l'Eglise reste la seule arme efficace pour ce temps de la fin apte à éradiquer ce fléau. Car, là où les Etats n'ont pas pu influencer qualitativement la jeunesse malgré des stratégies arrêtées, l'Eglise image du rejeton d'Isaï en est capable car, elle tire ce mandant dans les saintes écritures Esaïe 11:10 : **En ce jour, le rejeton d'Isaï sera là comme une bannière pour les peuples; Les nations se tourneront vers lui, et la gloire sera sa demeure.** Ceci veut dire, vers le temps de la fin, les regards de nations se porteront au rejeton d'Isaï image de l'Epoux qui est Jésus Christ et de l'Eglise épouse, pour avoir des solutions aux problèmes non résolus par elles à cause de la sagesse infiniment variée de l'Eglise.

Esaïe 11:1–2."**Puis un rameau sortira du tronc d'Isaï un rejeton naitra de ses racines. L'Esprit de l'Eternel reposera sur lui: Esprit de sagesse et d'intelligence, Esprit de conseil et de force".**

Certains sociologues pensent que la délinquance juvénile est liée à la pauvreté de ménages. Mais, nous observons couramment que les jeunes de familles aisées ou riches forment en général le noyau autour duquel gravitent les révoltes de toutes natures. Il est également vrai que sous certaines conditions, la pauvreté peut devenir un des facteurs déterminants de la délinquance .Or, si les actes déviants émanant de la délinquance juvénile peuvent s'observer chez les riches ou tout comme chez les pauvres, alors, le monde court un grand danger pour sa survie qualitative.

Voilà pourquoi là où les Etats ont connu des limites, l'Eglise corps du Christ en ce temps de la fin est appelée à relever le défi. Car le vrai problème de la délinquance est plus spirituel que morale.

L'Eglise doit assainir l'environnement du ménage par des enseignements, car si l'antidote contre le virus de déviance étant injecté à la famille, la jeunesse sera vaccinée et, nous pouvons espérer avoir une population sainement qualitative.

CHAPITRE I : <u>DEFINITION DE CONCEPTS DE BASES</u>

Il sera question dans ce chapitre premier d'étudier les concepts clés nécessaires pour l'analyse de notre étude à savoir : la définition de la délinquance, les formes de la délinquance, son historique et ses causes.

Section 1 : <u>Considération générales sur la délinquance juvénile</u>

1.1. <u>Définition de la délinquance juvénile</u>

C'est l'ensemble de comportements en infraction avec la loi ou des règlements par de jeunes n'ayant pas atteint l'âge de la majorité. Elle est à la foi un phénomène individuel ou collectif.

La délinquance désigne aussi une conduite individuelle caractérisée par des infractions ou crimes répétés, elle peut aussi prendre différentes formes.

1.2. <u>Les formes de la délinquance</u>

La délinquance peut prendre plusieurs formes :

a. <u>La petite délinquance</u>

C'est l'ensemble des actes de déviance que la législateur peut juger peu négligeable mais punissable par la loi. Ex : le recel, les injures publiques.

b. <u>La délinquance juvénile proprement dite</u>

Est une forme de déviance comportementale liée aux jeunes. Cette forme peut être individuelle ou collective « ex vol en groupe ».

c. <u>La délinquance économique ou financière</u>

Cette forme de délinquance est plus liée au détournement autrement dit, à une mauvaise affectation de ressources de l'Etat pour de fins personnelles ex : le bien mal acquis.

d. <u>Le terrorisme</u>

C'est une forme de délinquance dangereuse ; elle consiste à utiliser des voies inappropriées pour atteindre un but « ex : le bombardement, fusillade, kidnapping etc.…

e. <u>La délinquance spirituelle</u>

Cette forme de délinquance est la plus terrible et commande toute les formes de délinquance sus évoquée .Ex: la sorcellerie, la magie, l'occultisme, le maraboutage .Ces pratiques sont anti bibliques et génèrent des désastres terribles dans le monde à cause de la méchanceté qu'elle produit. La bible dit dans Exode 22:18 **"Tu ne laisseras point vivre la magicienne "** . Ici c'est Dieu lui-même qui prend l'initiative de communiquer à son peuple la pensée de tuer tous les sorciers, les occultistes, les magiciens, et les marabouts. Ces incirconcis ne méritent pas la vie car, ils désorientent les élus de Dieu par leurs Hérésies multiformes. Dans Actes 13:6−12, Paul **déclare sur Elymas qui cherchait à pervertir les voies de Dieu en désorientant le proconsul Sergius Paulus, qu'il soit aveugle, et au même instant il devint aveugle**. Que l'Eglise Corps du Christ redevienne Eglise.

1.3. <u>Historique de la délinquance</u>

La délinquance juvénile est un phénomène complexe lié au développement de la société urbaine et industrielle, et à l'évolution des mœurs dans le monde moderne. Elle est au cœur du débat public depuis la fin des années 1990 en raison de sa croissance, dans un contexte marqué par l'augmentation de la déviance en général et du sentiment d'insécurité.

Suite à ce phénomène dualiste d'un côté, l'urbanisation avec tous ses effets positifs, et de l'autre côte la ruralisation avec tous effets négatifs, a donné jour à la délinquance. Ceci nous fait voir de contrées reculées menant une vie moins aisée, cherchant à s'approprier du standing de cités urbanisées par de voies irrégulières.

C'est une notion qui intéresse à la fois de juriste, sociologue et de psychologue.
L'étude de ce phénomène répond en effet à un double objectif à savoir :

- Déterminer dans un but de prévention les causes qui poussent les jeunes à enfreindre les lois de la société,
- Chercher les moyens les plus efficaces d'organiser la répression des actes commis par les jeunes.

1.4. <u>Les causes humaines de la délinquance juvénile.</u>

Les causes de la délinquance juvénile sont multiples. Mais, nous allons en dégager certaines.

A) <u>L'hérédité</u>

L'observation courante nous montre que les comportements déviants liés à la jeunesse viennent de parents qui aussi à l'âge mineur ont manqué un certain encadrement.

Mais, nous signalons que l'hérédité ne transmet pas nécessairement les germes de la délinquance, mais il faudrait à un certain niveau intégrer d'autres facteurs.

1. <u>Les facteurs psychologiques</u>

A la différence de l'homme adulte qui supporte volontairement certaines contraintes pour s'adapter à la société, le jeune enfant est fragile et presque exposé à une vie de moine copiste. Ceci est lié à l'âge, car à un certain âge il faut intégrer à l'enfant de bonnes valeurs ou de vertus en les lui répétant cela au quotidien. Par exemple déclarer positivement sur votre enfant chaque matin et chaque nuit que l'alcool ne passera jamais dans ta bouche ni la drogue, tu ne tomberas jamais enceinte avant le mariage, ou tu n'engrosseras pas une fille avant le mariage, car tu es une personne exceptionnelle et grande au nom de Jésus- Christ. Chers parents, toutes ces paroles ne sont pas que de simples slogans, elles sont une semence que vous placez dans la destinée de votre enfant car à son terme, elles produiront. Imaginez-vous un seul instant que le monde dans lequel nous vivons et tout ce qui s'y trouve ont été créé par la parole de Dieu .Genèse 1: 3 dit, " **Dieu dit: Que la lumière soit, et la lumière fut**. Satan a peur des personnes qui déclarent, et parlent positivement sur leur destinée et surtout de celle des leurs enfants.

2. <u>Les facteurs familiaux</u>

La séparation ou le divorce des parents crée un grand déséquilibre à l'enfant et un désespoir de grandir et d'être choyé normalement comme certains enfants grandissant dans les conditions normales. Ceux qui divorcent sont poussés par une obsession d'atteinte d'intérêts personnels. Ne sachant pas qu'en faisant cela, ils créent un déséquilibre ou des tensions dans le chef des enfants.

Biens aimés, le divorce n'est pas dans le plan de Dieu. Dans Genèse 2:24 ; Et Dieu dit, **c'est pourquoi l'homme quittera son père et sa mère et s'attachera à sa femme, et ils deviendront une seule chair.** Dieu dit que l'homme doit s'attacher à sa femme et non à ses femmes (mariage monogamique et non polygamique) et non se séparer à sa femme, et les deux deviendront une seule chair. Dans Matthieu 19:3–6 Jésus-Christ décrie le divorce avec la grande énergie. Plus loin dans Ecclésiaste 4:12 dit **"Et si quelqu'un est plus fort qu'un seul, les deux peuvent lui résister ; et la corde à trois fils ne se rompt pas facilement"**. Le mariage est une grande menace pour l'ennemi, et ce domaine est beaucoup combattu par le malin ; la corde à trois fils représente la présence de Dieu comme fondement dans le mariage ; C'est un domaine à prendre au sérieux, car on doit se marier dans la volonté de Dieu et non de ses propres sentiments charnels.

Le diable attaque les enfants de Dieu surtout les personnes ayant un appel dans le ministère à 3 niveaux de la vie:

–Lors de la naissance:

Dans Exode1:22,**"Alors Pharaon donna cet ordre à tout son peuple: Vous jetterez dans le fleuve tout garçon qui naitra, et vous laisserez vivre toutes les filles"** .Tout ceci à cause de Moise, et Pharaon l'artisan du diable s'en fiche pas mal du nombre de mort des enfants, pourvu que son but soit atteint, car il sentait dans cette génération des Hébreux un libérateur qui ne savait localiser. Ce qui est grave encore l'enfant MOISE a vécu dans sa propre maison, et celui-ci ne l'a pas découvert .Ce qui veut dire, le diable n'a pas un seul contrôle de ta vie, car à partir de ce moment je déclare que tu es immunisé par les menaces de Satan, dis AMEN. Tout ce qu'il fait c'est t'intimider, alors enlève la peur. Dans Matthieu 2:16 , Hérode a décrété la mort des tous les enfants à Bethlehem allant de 0 à 2 ans d'âge, tout ceci à cause de **Jésus** qui avait reçu la mission auprès du Père de libérer le monde entier sous l'emprise du diable et du péché. Ces deux gangsters (Pharaon et Hérode) étaient une incarnation du diable.

–Lors de l'âge de l'adolescence:

Dans Genèse 34 :1-4. DINA l'a connu avec Sichem, fils de Hamor prince du pays.   La bible dit, qu'elle sortit pour voir les filles du pays. C'est en ce moment-là que Sichem l'aperçut, il l'enleva, coucha avec elle, et la déshonora. Et vous constaterez dans cette phase de la vie de grossesse avant l'âge de la majorité ; Ceci est un plan de l'ennemi qui suscite aux jeunes le manque de contrôle de soi.

–Lors du mariage:

Dans juges 16:4–21, Samson fait une rencontre à Sorek d'une femme appelée DELILA qui mit un terme à sa carrière ou, ministère. Tout ceci nous montre comment le diable prend son temps pour détruire les destins des enfants de Dieu. Si il ya une vertu chez le diable, c'est sa patience ; il prend tout son temps pour élaborer des stratégies à fins de détruire les relations conjugales des personnes appelées dans le ministère ou simplement des enfants de Dieu. Et dès lors que le but est atteint, il se frotte les mains pour détruire vos enfants ; et c'est là que s'infiltre dans la plupart de cas le virus de la délinquance juvénile.

Chers parents après avoir lu ces commentaires, renvoyez la honte au diable, montrer lui de quoi vous êtes capables car, avec Dieu vous ferez des exploits ; Reprenez toute votre conscience et dite pardon à votre femme et à votre mari pour les écarts de langages sortis de votre bouche ; Ceci ne vous rendra pas moins homme ou moins femme, c'est juste de l'humilité, et chercher la réparation. Arrêtez de vous justifier et protéger le futur de vos enfants en étant ensemble. Ah, Je vous vois reprendre de l'amour pour votre femme et pour votre mari ; Mes sincères félicitations. Toute main obscure à la base des incompréhensions récurrentes est maudite jusqu'aux racines au nom puissant de Jésus .Je vous déclare réunis à jamais ; Vous mourez rassasier de jours et de complicité ; Vous verrez les enfants des enfants de vos enfants .Dites un grand

AMEN ; Enfin je vous vois sourire et j'interdis au diable de vous manipuler car, à partir de maintenant votre mariage est immunisé contre les flèches de l'ennemi, dites un grand AMEN.

3. <u>Les facteurs sociaux (scolaires)</u>

L'échec scolaire et plus généralement les difficultés d'insertion scolaire et professionnelle jouent également un rôle considérable dans la délinquance juvénile. L'adolescent qui se sent délaissé va rechercher la compagnie de jeunes qui lui ressemblent ; ce qui favorise un phénomène d'incitation et de passage aux actes déviants. Le groupe ainsi formé se substitue à la famille qui fait défaut de sa présence dans la vie du jeune délaissé.

La bande permet au jeune intégré d'échapper ou contrôle des adultes, tuteurs. Ainsi l'adolescent cherche de créer la position à laquelle il aspire et qu'il ne trouvait pas dans la vie scolaire.

L'école occupe l'enfant sur le plan instructif et éducatif. Dès lors qu'il a manqué à cette formation, automatiquement la bande de délinquant comblera ce vide par des vices d'où, l'école s'avère nécessaire pour la vie de jeunes.

4. <u>Facteurs économiques</u>

La pauvreté ou l'opulence créent une culture, c'est-à-dire, manière penser, de concevoir les choses dans le chef de ceux qui les subissent.

Les familles pauvres ont une mentalité différente à celles de riches. Cette distorsion est due à cause de bas niveau de la consommation qui résulte d'un faible niveau de revenu.

La pauvreté peut aussi dans une certaine mesure entrainer des formes de comportement déviant par ex : le vol, l'envie qui pousse aussi au vol.

B) <u>Les films</u>

Les films ne sont pas du tout à négliger car, ils influencent positivement ou négativement les jeunes en tenant comptent de la qualité d'images, ou d'informations qu'ils prodiguent à ceux-ci.

Il serait mieux d'assainir aux yeux des enfants les films malsains (pornographie, films érotiques) et d'en laisser ceux qui leur sont constructifs.

Section 2. <u>Les causes spirituelles de la délinquance juvénile.</u>

La délinquance juvénile n'est nécessairement pas les fruits de l'hérédité, ni de facteurs psychologiques, familiaux, sociaux et économiques ; mais elle est due aussi aux problèmes spirituels. La spiritualité intervient dans la délinquance sur la production des actes déviants mais de façon récurrente. Comme l'exemple d'une personne qui va en prison pour les mêmes faits lui reprochés à plusieurs reprises. Ceci n'est plus normal car ,ça va au-delà de son propre vouloir.

Ces causes se présentent à de niveaux différents selon que l'on s'approche dans la connaissance de la parole de Dieu.

1ère Degré : <u>le défaut d'intériorisation des valeurs chrétiennes</u>

Ceci est le premier degré qui présente le type d'adolescent qui connait Christ Jésus, mais ne vit pas entièrement sa vie : ce niveau est caractérisé par des vices ci-après : la colère, l'esprit d'insoumission entrainant de révoltes régulièrement et j'en passe.

Lors de nos observations sur terrain, nous nous sommes rendus compte que la colère génère à elle seule la production des actes de déviance.

Elle se définit comme étant l'inadéquation de ce que l'on attend et de ce que l'on reçoit. Cet écart produit la colère. Les enfants qui grandissent dans un air de colère peuvent devenir dangereux à la longue. Je l'ai vécue lors du divorce de mes parents ; j'en voulais trop à mon père et j'ai développé une haine contre sa personne à l'âge de 11 ans. Pour moi, j'ai eu la grâce d'accepter Jésus à l'âge de 7 ans. Dieu me faisant grâce par de visions et songes, et ce que je voyais, se réalisait.

La colère pousse l'enfant toujours à la solitude et dans cet état, le diable profite de s'infiltrer et œuvrer dans sa vie. Je ne sais comment je me suis débarrassé de ce tare, mais tout ce que je sais, c'est à cause de l'anti dote qui est le Saint Esprit **qui est scellé en nous le jour de notre rédemption** Ephésien 4:30. L'intériorisation des valeurs chrétiennes se fait à la maison. Ici aussi, les parents ont une part de responsabilité sur l'encadrement des jeunes par le truchement de culte familial, assaisonné par de moments de prières intenses.

Les Epitres de Paul aux Ephésiens 4 :26-27 disent je cite, « **si vous vous mettez en colère, ne péchez pas ; que le soleil ne se couche pas sur votre irritation**. Genèse 4 :1-7 « nous parle des effets de la colère, mais Dieu dit de dominer sur elle et au verset 8 du même chapitre, Caïn porta sa main contre son frère et le tua.

Ceci fut le premier cas de déviance sociale dans la bible ; pourquoi ? Par ce que Caïn n'avait pas intériorisé les caractères de son créateur qui sont évoquées dans galates 5 :22 « qui sont les fruits de l'esprit ». « **Amour, la joie, la paix, patience, la bonté, la bienveillance, la fidélité, la douceur, la maitrise de soi**. Quelqu'un qui n'est pas dans la joie, il est certainement en colère. Dieu seul est capable de délivrer quelqu'un de sa prison de colère ; car la présence de Christ dans la vie de l'enfant est une alliance scellée que le diable ne peut abroger.
Je déclare, tout ce qui engendre la colère dans ta vie est maudit en ce moment, tu es libéré de ce tare au nom de Jésus-Christ. Dites AMEN. On cherchera les traces de la colère en toi, on ne la trouvera plus.

2ème Degré : <u>Défaut sur la sélection de la bonne compagnie</u>

Ceci a été à la base de la délinquance juvénile. La bible dit de s'éloigner des mauvais amis. Car, **la mauvaise compagnie corrompt les bonnes mœurs. « 1 cor 15:33 ». La bible nous dit que l'enfant SAMUEL grandissait dans le temple où il servit l'Eternel**. « 1 Sam 2 :18-19 ». Le milieu où grandit l'enfant peut l'impacter positivement ou négativement. D'où pour lui éviter le pire, il lui faut sélectionner un entourage sain.

3ème Degré : <u>Défaut d'enseignement sur les problèmes sexuels</u>

Beaucoup d'enfant ne sont pas enseignés sur ce problème ; ou s'ils sont informés, c'est juste des informations qui développent la peur pour les empêcher d'expérimenter. Ceci parait insuffisant. Car, si l'extérieur leur fournit des informations tronquées, ceci peut les désorienter sur le chemin de la vie. D'autres jeunes filles pensent que si elles restent vierges jusqu'après 20 ans, elles auront du mal à concevoir. Ceci fragilise leur psychologie et désoriente carrément.

DINA l'a connu avec Sichem, fils de Hamor prince du pays, dans Genèse 34 :1-4. La bible dit, qu'elle sortit pour voir les filles du pays. C'est en ce moment-là que Sichem l'aperçut l'enleva, coucha avec qu'elle et la déshonora.

Parents, vous ne devrez pas faire de la sexualité un tabou. Prendre des heures de coaching aux adolescents en fournissant des bonnes informations serait une bonne mesure préventive contre leur égarement. Car David a été surpris de constater que l'inceste a élu domicile dans sa propre maison à cause de l'absence d'orientation : Sam 13 :1-21.

4ème Degré : <u>l'Acculturation</u>

Elle se définit comme étant, le fait de suivre bêtement une culture. Nous avons constaté dans notre vie de chaque jour, que les jeunes se sont donnés plus à l'écoute de la musique mondaine qui les passionne. Ceci est un danger grave ; car pour la plus part de ces musiciens, sont de lucifériens.

En voulant devenir comme eux, automatiquement l'esprit qui est dans le chant peut pénétrer l'enfant au moment où il considère la star comme son idole. Gen 24 :1-64 ; Gen 28 :1-2 ; nous parlent d'Abraham étant devenu vieux, mais a fait jurer à son serviteur de prendre pour son fils, une femme de Paddâm-Aram et non une cananéenne ; car, en prenant une femme étrangère, il Ya risque d'être influencé par sa culture et prier aussi leur divinité comme cela fut le cas de Salomon dans 1 roi 11 :1-9.

L'acculturation a désorienté beaucoup de jeunes sur les déviances comportementales. Il faut garder son identité en christ et ne pas renier sa foi chrétienne en évitant en soi l'attraction de choses impures et étrangères sans pour autant connaitre le fondement.

5ème Degré : <u>L'inculture</u>

Elle se définit comme étant l'absence de la culture ; c.à.d. de la connaissance. Osée 4 :6 ; dit « **mon peuple périt faute de connaissance**.

Le jeune adolescent doit être informé quasiment sur les problèmes inhérents à son âge. Car, le passage de l'adolescence à la puberté conduit un certain déséquilibre sur le plan morale et intellectuel, si celui-ci n'est pas suivit ou orienté.   Pendant la tranche de 13 à 17 ans chez les jeunes filles, connaissant de problème de grossesses indésirables. Et de 14 à 19 ans, les jeunes garçons veulent se faire valoir et, l'absence de l'information les entrainerait tout droit dans la fosse. L'information est importante à ce niveau.

CHAPITRE II : <u>CONTRE LA DELINQUANCE JUVENILE</u>

1.1. <u>Définition de la collectivité</u>

Par collectivité, nous entendons une structure étatique, gouvernementale, privée ou familiale ayant pour mission de lutter contre les germes conduisant à la délinquance juvénile.

Toute personne, structure qui s'élance dans cette lutte doit savoir qu'elle entreprend une opération longue, délicate souvent décourageante et lente à produire des résultats qui exigent beaucoup d'argent, de temps et d'efforts.

2.2. <u>Le rôle de l'Etat dans la lutte contre la délinquance juvénile.</u>

a) <u>La coercition</u>

Nous n'aurons pas à commenter là-dessus, si ce n'est par le moyen de la coercition que l'Etat exerce son pouvoir, pour amener les personnes ayant atteintes de ce tare de revenir à la normale.

Sur ce, l'Etat corrige ces actes en faisant payer les dommages causés, conséquence des actes de déviance comme, purger sa peine en prison selon que la loi l'exige.

Dans Mathieu 21 :12-16, jésus entra dans le temple, chassa tous ceux qui vendaient et achetaient. Il renversa les tables des changeurs et leurs sièges ainsi que les vendeurs de pigeons. Mais dans le verset 14, il guérit des boiteux et des aveugles, chose qui indigna les principaux sacrificateurs et les scribes à la vue de merveilles qu'il avait faites. Si par le fait que Jésus a été critiqué en guérissant les infirmes et les aveugles, à combien plus forte raison ne serait-il pas critiqué en mettant de l'ordre dans le temple ? Nous pensons qu'après cette correction, les vendeurs seraient partis. Mais vu les comportements des principaux sacrificateurs nous osons croire qu''après un certain moment, lcs vendeurs ont continué à vaquer normalement à leur occupation. La parole de Dieu est plus puissante c.à.d. meilleure enseignant que la coercition.

La coercition n'est toujours pas été le bon moyen efficace pour corriger la délinquance. Un exemple illustratif, le 15 novembre 2014, la police de Kinshasa lança de nouveau l'opération « LIKOFI » coup de poing. La cible sont des jeunes délinquances surnommés KULUNEUR reconnaissables à leur pantalons portés à mi- fesses, leurs tatouages, locks sur les têtes. En bande et souvent armés de machettes, ils dépouillent les passants de leurs argent, sac, téléphone, bijoux. D'année en année ce phénomène a pris de l'ampleur, c'est comme si il n'y avait pas d'Etat, confesse le colonel de la police pierre MWANA MPUTU, chef de la cellule media de l'opération LIKOFI.

C'est pourquoi pendant, le conseil supérieur de défense du 26 octobre 2013 et du 6 novembre 2013 à LUBUMBASHI, le président joseph KABILA KABANGE a demandé à la police d'éradiquer ce phénomène.

Actuellement, l'on a comme l'impression que ce phénomène a repris. Moi-même je fus victime d'un vol de téléphone en 2014 au mois d'Aout au rond-point NGABA à Kinshasa.

Nous comprenons donc que le problème majeur est la repentance. Dès que le délinquant change de direction en acceptant Jésus Christ dans sa vie ; plus rien ne sera comme avant. Jésus lui-même a flagellé, mais les cœurs de vendeurs n'ont pas changé.

Nous apprécions le travail fourni par la structure MCEG ; « Ministère Christ Esperance de la Gloire »dirigée par le Docteur Daniel KAWATA ; Dans cette grande structure de MCEG, il y a une sous structure WORSHOP qui s'occupe de l'éradication des actes de déviance par l'évangile. Cette stratégie a bien marché. Comme démarche d'approche ;

- Le WORSHOP a approché les délinquants, KULUNEUR et autres,
- Il analyse le besoin des jeunes,
- Procède à l'évangélisation, en les faisant accepter Jésus Christ dans leur vie comme seigneur et sauveur ;
- Il les affecte à l'école pour des cours de formation en l'occurrence, l'alphabétisation, la scolarisation et l'affectation dans de centre de métier (menuiserie, couture et j'en passe). Et cette structure est financée par le MCEG et d'autre ONG étrangères.

Pour conclure, il ne faut pas utiliser seulement l'aspect coercitif, mais aussi associer la parole de Dieu dans le chef de délinquants, pour que le travail fourni soit complet et porte beaucoup de fruits pour l'avancement de la société.

Si tu n'as jamais donné ta vie à Jésus Christ comme Seigneur et Sauveur, voici l'occasion de le faire, car là où Jésus n'est pas Seigneur de tout, il n'est pas Seigneur du tout ; je vous prie de répéter ces phrases:

Seigneur Jésus, je te donne toute ma vie ; je te demande pardon d'avoir conduit ma vie seul ; je l'ai tellement conduite dans les immoralités: sexualité, tabagisme, l'alcoolisme, dans les boite de nuit et non de jours (réalité qui n'existe pas),mensonge ,vol ,cupidité , falsification de document comptables, impudicité , lesbianisme, masturbation ,vol à mains armées, tueries nocturnes, magie, sorcellerie, maraboutage, satanisme ; je me suis résolu de te la donner entièrement que tu en fasse ce que tu veux ,je t'en supplie aie pitié de moi ;entre dans ma vie et sois mon Seigneur et Sauveur et lave moi par ton sang précieux versé sur la croix à cause de mes péchés ;Saint Esprit de Dieu rempli moi de toi jusqu'à toute la plénitude ,et utilise moi dans de dons spirituels ,AMEN . Bienvenu dans la maison ,famille de Dieu ,mes sincères félicitations.

Maintenant je maudis dans toutes ses racines les autels bâtis dans ta vie qui ont donné droit à la manifestation de toutes ces immoralités précitées au nom de Jésus .Ces autels sont abrogés par le feu et le sang de Jésus ; je te déclare libre dans tous les domaines de ta vie ; Dis un AMEN fort vaillant héros.

Ensuite pour clore, fait cette dernière prière sur les dons spirituels ; Bien aimé concentre toi et entre dans ta chambre car le feu veut descendre sur toi, l'onction du Saint Esprit, il veut te baptiser et te donner la puissance .Comme condition majeure du baptême du Saint Esprit, tu dois aspirer à cela selon 1 Cor 14:1.

Répète ceci:

"Saint Esprit de Dieu je te désire, baptise moi du don de parler en langue, oh je te prie, fait tomber les écailles de mes yeux, je veux avoir de visions, t'écouter de façon audible, accorde moi le don de la parole de connaissance, de sagesse, du discernement des esprits, la foi, le don des guérisons, le don d'opérer des miracles, la prophétie, et l'interprétation des langues." Selon 1Cor 12:1−11.

Merci de me les avoir accordés Cher Saint Esprit, je t'aime mon ami encore et encore, grand merci, AMEN.

Je te vois entrer dans la classe du surnaturel, mes sincères félicitations, et sache qu'à partir de ce moment tout l'enfer tremble devant toi y compris Satan lui-même, car tu es entré dans la classe de Dieu ;et une chose encore, tu viens de recevoir les capacités spirituelles inépuisables ,car à toi seul tu es capable d'ordonner à ce que les sorciers de votre commune ne puissent plus voler la nuit pour nuire aux enfants de Dieu, dis un grand AMEN. Un Ange à lui seul a tué **185000** personnes en une nuit dans Esaïe 37:36. Maintenant imagine toi si vous étiez à 4 seulement dans votre quartier avec cette puissance, oh, combien les sorciers vont lâcher prise leurs activités de nuisance ? Alors vaillant héros ,va évangéliser 3 personnes dans ton avenue seulement en leur faisant accepter Jésus Christ dans leur vie comme Seigneur et Sauveur avec la prière qu'on a fait ensemble car, la paix ,la tranquillité reviendra dans ton quartier à cause de vous 4 ,dis un grand AMEN. Oh, je te vois sourire comme les 4 lépreux qui ont changé la situation économique de toute la Samarie dans leur union dans 2 Rois 7:1–20, car vous 4 devenez un bruit de chars et de chevaux, le bruit d'une grande armée pour tous les sorciers de votre quartier. Donne-moi un AMEN puissant.

Que Dieu te bénisse.

b) <u>Le rôle du ministère de genre famille et enfant</u>

Ce ministère a une particularité, celle d'informer la masse au travers des colloques, sur le rôle de la femme à jouer dans la famille et sur l'éducation des enfants. Car la famille est la cellule mère de la société.

Ces colloques ont révélés à la femme son rôle d'éducatrice à la famille, son rôle sur le choix à porter aux études.

Un adage dit, si vous voulez détruire une nation, détruisez les familles qui la composent.

2.3. <u>Le rôle des organisations nationales et internationales</u>

Les organismes internationaux ou nationaux travaillent en partenariat avec les Etats pour les aider à accomplir sa mission de stabilisation des cas de déviances sociales.

A. <u>PAM</u>

PAM est le Programme Alimentaire Mondial. Son rôle est d'apporté de l'aide alimentaire à la population démunie, menacée par de turbulence de guerre, ou géographique (éruption volcanique, tremblement de terre). Dans ce chao total, PAM apporte de l'aide alimentaire pour secourir les habitants.

C'est dans de situation de précarité évoquée ci-haut que les actes de déviance se font sentir (ex : abus sexuel, vol).Car un dicton dit le ventre creux n'a pas d'oreilles. Beaucoup de personnes sont même prêtes à perdre leur personnalité à cause de la faim Gen 25 :29-34.

B. <u>OMS</u>

C'est l'Organisation Mondial de la Santé. D'une façon simple, elle a pour rôle d'apporter de l'aide en termes de finances ou de médicaments aux zones secouées par les épidémies.

Au travers de campagne de vulgarisation dans le domaine de santé elle communique à la population de mesure à prendre pour éviter certaines maladies (sida, rougeole, tuberculose) de se répandre. Des jeunes ayant atteint du sida, sont plus impliqués à distribuer cette maladie : ceci est une forme de délinquance. Nous pensons que l'OMS au travers sa mission d'éradiquer des maladies au travers son financement, travaille indirectement dans la lutte contre la délinquance juvénile.

C. <u>PNMLS</u>

Le Programme National Multisectoriel de Lutte contre le Sida. Il a pour rôle d'éduquer la masse contre les abus sexuel et fournit à la jeunesse un maximum d'information pour lui éviter les pires.
<u>Tableau représentatif de personne vivant avec le VIH par tranche d'âge</u>

Paramètres	< 25 ans	>25 ans	Total
Nombre de personne ayant subi un test de dépistage et dont le résultat est positif	262	392	654
Nombre total de personne ayant subi un test de dépistage	5777	5702	11479
% de personne vivant avec le sida	4,5	6,8	5,7

❖ Source : rapport d'activité sur l'état d'avancement de la réponse à l'épidémie VIH sida. Mars 2013 PNMLS.

Les données présentées dans le tableau ci-haut, font état de 5,7% de femmes professionnelles de sexe qui vivent avec le VIH dans les sites d'intervention de PROVIC donc 6,8% parmi celles ayant un âge supérieur ou égal à 25 ans et 4,5% parmi celles ayant un âge inférieur à 25 ans.

Toutes ces personnes atteintes du VIH sont victimes de la délinquance juvénile. L'abstinence sexuelle leur éviterait de contracter le virus.

D. L'UNICEF

Est le Fond de Nations Unies pour l'Enfance. Elle a vu le jour en 1946, dans le but de venir en aide aux enfants après la seconde guerre mondiale. Son mandat fut rapidement élargi et a commencé à aider les enfants dont les vies étaient menacées dans les pays en développement.

Ces priorités permettent d'améliorer la situation des enfants sur le plan éducatif et en réduisant tant soit peu la pauvreté qui sévit dans les ménages. Elle lutte contre la mortalité infantile, le paludisme et met en place des soins de santé d'ensemble pour les premières années de l'enfant y compris la période anténatale. Par rapport à sa mission, nous pouvons déduire qu'elle contribue à l'éradication de la délinquance.

2.4. <u>Le rôle de métiers</u>

C'est parmi le plus grandes de stratégie que les Etats ont toujours mis en place pour éradiquer les cas de déviances sociales chez les jeunes délinquants, en l'occurrence l'Etat congolais.

Cet apport dans la vie de l'adolescent a produit des effets permissifs au changement de mentalité de celui-ci mais pas dans une perfection maximale.

Les formations dans la menuiserie, la couture, l'électricité, la mécanique, la cordonnerie, des travaux champêtres ou toute occupation de celui-ci ont prouvé dans les années passées, un changement positif sur le plan comportemental de délinquant.

Les Etats développent ces stratégies au travers certaines structures ayant les affaires sociales dans leurs attributions, en créant de centres de formations de métiers qui   le rendront de moins en moins oisif et feront de lui utile dans son environnement.

CHAPITRE III : COMMENT GUERIR VOTRE ENFANT DE LA MALEDICTION <u>DE LA   DELINQUANCE</u>

Tout au long de ce chapitre nous aurons à utiliser deux approches dont l'une sera biblique c.à.d. basée sur l'exposition des principes bibliques et l'autre approche qui se veut spirituelle, se focalisera sur l'intériorisation ou la pratique des valeurs annoncées par la première approche.

3.1. <u>Analyse typique et biblique du phénomène « Mat 8 :28-34 ; Luc 8 :26-39</u>

Le premier ainsi que le second texte nous parlent de la délivrance de 2 fous redoutables au sein de la communauté de GADARA. Ces fous avaient deux particularités : ils vivaient dans les tombeaux et ne permettaient pas que les gens s'approchent de leurs zones. Dès que quelqu'un s'approche, ils doivent aller à sa rencontre pour le tabasser, le maitriser, que sais-je encore ?

Ces esprits démoniaques qui le possédaient, exerçaient de l'influence sur les cimetières et sur les eaux. (Confère Mat 8: 23-27). La preuve, ces démons ont failli provoquer un naufrage. Car ayant échoué dans leur mission, ils ont attendu Jésus-Christ dans l'autre rive, et automatiquement, sont sortis pour menacer de nouveau le Grand Maitre (confère Mat 8 :28).Christ les maitrisa et chassa les esprits impures qui les possédaient.

Que retenir de ces passages ? Dans le monde spirituel, les esprits méchants possèdent les corps et les contrées. Lors de nos recherches, nous l'avons aussi constaté. Dans certaines contrées à Kinshasa comme, MAKALA, SELEMBAO, BUMBU, KISENSO, BANDAL, MATONGE, l'impudicité bat son plein car, les jeunes garçons et filles sont parents avant l'âge de la majorité.
Que dire de cela ?. Ce sont des forces démoniaques qui maintiennent et imposent un contrôle dans les quartiers et dans les esprits de délinquants.

Comment délivrer les délinquants ? Le faire accepter Jésus-Christ, et posséder les contrées, car c'est une question de rapport de force. Celui qui est le plus fort dominera. Et l'avantage que nous avons, Jésus-Christ a vaincu le diable et ses diablotins il y a plus de 2000 ans sur la croix à Golgotha. Il est à noter que la présence permanente des Eglises dans des contrées pareilles fait trembler l'enfer. Car la prière agissante de juste a une grande efficacité, Jacques 5 :26b.

<u>3.2. La contextualisation de l'analyse typique et biblique de la délinquance</u>

Ces problèmes dans Mat 8 :28-34 et dans Luc 8 :26-39, nous serviront de base dans notre analyse. Cette histoire a résumé en gros les effets spirituels conséquences de la délinquance juvénile. Dès lors que les causes ayant généré la délinquance étant détectées, le problème se trouve résolu.

Nous allons nous focaliser sur les causes spirituelles et non sur les causes humaines, **car nous croyons que derrière chaque acte de déviance répété, il Ya un esprit qui contrôle**. En 2015, une fois j'ai eu la grâce de faire connaissance avec un nommé BEN surnommé BENJI, qui plus de 4 fois a fait la prison centrale de MAKALA pour les mêmes accusations. Il est capable de prendre dans les mains de quelqu'un la clé de la voiture et s'en aller avec, sans que le propriétaire ne s'en rende compte. C'est une sorte de domination spirituelle et ceci n'est plus normal, en fait c'est de l'hypnotise.

L'Eglise de ce fait doit à tout prix jouer son rôle important dans la récupération des âmes perdues. Car étant le sel de la terre.
Elle est l'ensemble de chrétiens réuni qui offrent un culte d'adoration à l'incréé. Ce sont des ministres, ou serviteurs de Dieu établis au sein de la communauté chrétienne ayant reçu mandant de donner l'antidote aux malades pour retrouver la restauration aux moyens des prédications, prière, délivrance selon que le Saint Esprit l'exige.

Il n'y a pas de modèle type pour guérir les délinquants, mais sous l'inspiration du Saint Esprit, la guérison s'avère certaine. Car tous n'ont pas les mêmes causes ayant généré la production des actes de déviance sociale. D'où, il faut discerner la cause et apporter le remède qu'il faut. Jésus-Christ l'a fait, et a détecté qu'il était question d'une légion d'esprits négatifs qui tourmentaient le fils de la promesse.

Cependant, il y a de préalables à remplir dans le chef du délinquant pour sa délivrance.

3.3. Préalable du délinquant

Pour que le délinquant soit libre de tous ses maux, il lui faut remplir certaines conditions.

1 :) Reconnaître son état de délinquance.

Proverbe 28 :13 « **celui qui cache ses transgressions ne prospère point ; mais celui qui les avoue et les délaisse, obtient miséricorde**. Il doit accepter et reconnaitre qui l'a besoin du salut, d'être délivré de ses maux. L'acceptation est la clé de toute chose. Car le refus empêche le processus d'obtention du salut.

En début de ce mois de Janvier 2017, ma fiancée Chimène NZUZI, a fait un rêve sur l'un de ses enfants à l'Ecole de dimanche. Dans ce rêves, la jeune fille avait pris la forme d'un lézard de la hanche jusqu'aux pieds. Je lui ai dit que cette jeune fille œuvre dans la sorcellerie et qu'il fallait la délivrer. Cet exemple est un cas de la délinquance spirituelle. Après quelque jours de préparation spirituelle, elle est descendue sur terrain pour parler à la jeune fille .Une cure d'âme était suivie, et la jeune fille a avoué qu'elle était dans la sorcellerie ; Elle a accepté Jésus Christ dans sa vie comme Seigneur et Sauveur .Chimène lui a imposé les mains en prenant autorité sur le démon de la sorcellerie .Ouf, cette enfant est totalement délivrée de la sorcellerie, et nous disons merci à Dieu.

Fais encore cette prière avec moi, car c'est ton jour de délivrance. Quelque chose se passe dans ta vie, et maintenant toute chose doit changer.

Seigneur Jésus, je te donne toute ma vie ; je te demande pardon d'avoir conduit ma vie seul ; je l'ai tellement conduite dans les immoralités: sexualité, tabagisme, l'alcoolisme, dans les boite de nuit ,mensonge ,vol ,cupidité , falsification de document comptables, impudicité , lesbianisme, masturbation ,vol à mains armées, tueries nocturnes, magie, sorcellerie, maraboutage, satanisme ; je me suis résolu de te la donner entièrement que tu en fasse ce que tu veux ,je t'en supplie aie pitié de moi ;entre dans ma vie et sois mon Seigneur et Sauveur et lave moi par ton sang précieux versé sur la croix de Golgotha à cause de mes péchés ;Saint Esprit de Dieu rempli moi de toi jusqu'à toute la plénitude ,et utilise moi dans de dons spirituels ,ainsi, je déclare que je suis enfant de Dieu né de nouveau. Je déclare, je suis libérés de ces tares au nom puissant de Jésus, AMEN. Sois le bienvenu dans la famille de Dieu.

2 :) <u>Reconnaitre ses faibles capacités.</u>

Mat 5 :3 « **heureux les pauvres en esprit, car le royaume des cieux est à eux**. De ce fait, le délinquant doit reconnaitre qu'il ne peut rien sans Christ.
Luc 8 :28 nous montre comment le démoniaque tomba à terre pour obtenir sa délivrance auprès du Grand Maitre. Ceci est le signe d'abandon total, de prosternation à la seule autorité supérieure de Christ.

Les pauvres en esprit veut signifier, tous ceux-là qui reconnaissent qu'ils ne peuvent rien sans le concourt, la touche de la main de Dieu en la personne de Jésus-Christ dans leur vie. Pour ceux-là, miséricorde et la grâce de Dieu leur seront accordées.

Combien de fois n'avions-nous pas discerné lors de Counseling le degré d'incrédulité et de mensonge associés dans le témoignage de clients ? Cette attitude ferme automatiquement la porte à la délivrance.

3 :) <u>Accepter Jésus-Christ dans sa vie</u>

Jean 3 :16, est le verset fondamental qui donne la possibilité à l'homme de se réconcilier avec Dieu.

«Car Dieu a tant aimé le monde qu'il a donné à son fils unique, afin que qui conque croit en lui ne périsse point ; mais qu'il ait la vie éternelle».

Le délinquant qui est l'homme charnel, peut avancer devant le trône de grâce de Dieu, qu'en acceptant Jésus-Christ dans sa vie comme seigneur et sauveur. Cette condition fait de lui un élu, un homme mise à part ; c.à.d. fils de Dieu.

Dès lors qu'il a déjà reçu Jésus dans son cœur, la condamnation n'est plus son partage. Car romain 8:1 dit , **il n'y a donc plus de condamnation pour ceux qui sont en Christ.** Chose étonnante, **il devient une nouvelle créature, les choses anciennes sont passées, et voici toutes choses sont devenues nouvelles** « 2 cor 5 :17 »

4 :) <u>Le témoignage</u>

Luc 8 :38-39 nous dit que le fou était parti rendre témoignage au village. Car après la guérison, il faut témoigner les bontés de Dieu dans sa vie. Ceci est stratégique, car ca maintiendra le jeune sauvé au service du maître.

Je peux aussi me rappeler, la plupart des délinquants qui ont témoigné publiquement, ont du mal à rentrer activement dans leur ancienne vie à cause de leurs propres témoignages qui les lient. Le témoignage aussi glorifie le nom du seigneur Jésus car, il attire d'autres délinquants à abandonner l'ancienne vie et à donner leur vie à Jésus.

5 :) <u>La place des enseignements</u>

Après avoir reçu Christ dans sa vie et témoigné aux autres, vient le moment des enseignements pour équiper le délinquant spirituellement. Car osée 4 :6 dit, « **mon peuple périt faute de connaissance** ».

Telle était aussi l'une des caractéristiques de la première communauté chrétienne. Actes 2 :42 »**les chrétiens baptisés ayant cru en Jésus, persévéraient dans l'enseignement des apôtres, dans la communion fraternelle, dans fraction du pain et dans les prières.**

L'âme sauvée doit être enseignée. Car une maison qui n'est pas bâtie sur le roc n'a pas de longue vie. Mais celle qui est bâtie sur le roc, résistera dans les vents et marrais.

Si tu n'as pas d'Eglise d'attache, cherche dans ton environnement une Eglise charismatique ou pentecôtiste pour communier car ceci te permettra de connaitre la parole de Dieu et de grandir dans la foi.

CHAPITRE IV : <u>COMMENT LE DELINQUANT SAUVE PEUT IL CONCERVER SA DELIVRANCE ?</u>

Beaucoup de gens se sont souvent interrogés sur le fait qu'après que quelqu'un ait été délivré des puissances de ténèbres (délivrance de la délinquance spirituelle), il retombe et redevient plus comme avant!

Qu'est –ce qui explique ce phénomène et comment l'en éviter? Comment ne plus retomber malade? Comment ne plus retomber dans la domination des puissances des ténèbres? Comment ne plus retomber dans la malédiction?

«Lorsque l'esprit impur est sorti d'un homme, il va dans des lieux arides, pour chercher du repos . N'en trouvant point, il dit: Je retournerai dans ma maison d'où je suis sorti ;et, quand il arrive, il la trouve balayée et ornée. Alors il s'en va, et il prend sept autres esprits plus méchants que lui ;ils entrent dans la maison, s'y établissent, et la dernière condition de cet homme est pire que la première ».(Luc 11:24–26)

Ces paroles sont du Seigneur Lui–même .Il explique clairement ce qui se passe lorsque quelqu'un est délivré des puissances de ténèbres .Les démons sortent au nom de Jésus, ce qui explique que la personne est délivrée et les symptômes de démons ou de maladies démoniaques ont disparu.

Mais tout ne s'arrête pas là. En effet, il y a quelque chose qui se passe après tout cela. Le démon va dans les lieux arides pour chercher du repos. Ne trouvant pas de lieu de repos il revient sur ses pas. Il trouve la maison balayée et ornée, fruit du travail du Seigneur dans la vie d'une personne délivrée, toute chose devient nouvelle. Mais en arrivant s'il trouve la maison vide, inoccupée, il s'y installe de nouveau .C'est là réside le problème.

En effet, c'est le fait que la maison soit vide qui amène le démon à revenir s'y installer. Il faut que la maison soit occupée par quelqu'un qui soit grand, plus fort et plus puissant que son ancien occupant. Seul devant Jésus-Christ de Nazareth les démons tremblent. C'est pourquoi il faut inviter Jésus dans sa vie comme nouvel occupant après la délivrance du délinquant. C'est pourquoi il dit: **«Voici, je me tiens à, la porte, et je frappe. Si quelqu'un entend ma voix et ouvre la porte, j'entrerai chez lui, je souperai avec lui, et lui avec moi »** .(Apoc 3:20).Il faut ouvrir la porte de votre cœur à Jésus afin qu'il entre dans la maison pour l'occuper. C'est à nous de lui ouvrir la porte afin qu'il vienne s'y installer comme nouvel occupant. Un démon ne s'installera jamais dans une demeure occupée par Jésus–Christ. Si Jésus ne s'y installe pas comme nouvel occupant, les démons s'y réinstallent, ce qui peut expliquer qu'une personne délivrée ou guérie retombe dans son ancien état après qu'il fût délivré, par ce que Jésus n'est pas dans son cœur.

Là encore ce n'est pas tout. En effet, une fois que Jésus s'est installé il faut le retenir, entretenir sa présence dans votre vie.
«Demeurez en moi, et je demeurerai en vous. Comme le sarment ne peut de lui–même porter du fruit, s'il ne demeure attaché au cep, ainsi vous ne le pouvez non plus, si vous ne demeurez pas en moi» .(Jean 15:4)

Nous devons donc demeurer en lui afin qu'il demeure en nous. Pour demeurer en lui, il faut garder sa parole, c'est–à–dire garder ses instructions et y rester attaché. C'est à dire vivre une vie de sanctification, et de haine du péché.

«Soumettez– vous donc à Dieu ; résistez au diable, et il fuira loin de vous».(Jacques 4:7)

Pour que le diable fuie loin de vous, résistez-le. Et pour résister au diable, soumettez-vous donc à Dieu, c'est–à–dire obéissez au Seigneur à toutes ses instructions en marchant dans la sanctification.

Garder sa délivrance ou sa guérison est un combat. C'est un combat pour la vie. **Or depuis les jours de Jean Baptiste jusqu'à maintenant, le royaume des cieux est forcé, et les violents le ravissent».**(Matthieu 11:12)

C'est donc un combat, celui d'entrer dans le royaume des cieux.
Garder sa délivrance, c'est comme garder sa conversion. Le tout n'est pas de venir à Christ, mais d'y demeurer. En effet, c'est la fin qui compte:« **Mieux vaut la fin d'une chose que son commencement**» (Ecclésiaste 7:8)

La fin de votre vie dépendra de votre investissement d'aujourd'hui. Demeurez en lui et il demeura en vous, alors Satan et ses démons n'auront donc plus d'accès dans votre vie.

« **Il n'Ya donc maintenant aucune condamnation pour ceux qui sont en Jésus−Christ**».(Romains 8:1). Cette promesse est pour ceux qui demeurent en Lui. En demeurant en Lui, aucune condamnation, aucune malédiction et aucune domination des puissances ne seront plus possibles sur votre vie.

CHAPITRE V : <u>NOUS N'AVONS PAS A LUTTER CONTRE LA CHAIR</u>

Si nous marchons dans la chair, nous ne combattons pas selon la chair. Car, les armes avec lesquelles nous combattons ne sont pas charnelles mais elles sont puissantes par la vertu de Dieu, pour renverser des forteresses « 2 cor 10 :3-4 »

Le seul moyen de sauver le délinquant qui s'est fait prisonnier du monde selon le contexte de 1 jean 5 :4 est la foi. Ce passage dit « **parce que tout ce qui est né de Dieu triomphe du monde ; et la victoire qui triomphe du monde c'est notre foi.**

La vie chrétienne est une vie de foi. Dieu est Dieu de foi, et pour que vous puissiez influencer la vie de la délinquant, vous devez vivre par la foi « Heb : 11 :6 ». Pour ce faire, il faut entrer dans le surnaturel aux moyens des dons spirituels pour influencer positivement la guérison du délinquant.

5. <u>L'exercice de dons spirituels (1 cor 12 :8-10)</u>

Comme il se trouvait avec eux, il leur recommanda de ne pas s'éloigner de Jérusalem, mais d'attendre la promesse du père dont leur dit il vous m'avez entendu parler. Car jean a baptisé d'eau, mais dans peu de jours, vous serez baptisés d'Esprit Saint. Actes 1:4-5.

L'exercice de dons spirituels s'avère très importants, voire même incontournable dans le chef de ministre de Dieu. C'est un outil de travail très efficace pour mieux laisser les empreintes de la délivrance de Dieu par sa grâce, sur la vie du délinquant.

Voici certains dons spirituels qui sont importants pour la délivrance du délinquant.

5.1   Le discernement des esprits

Ce don est très important, car il permettra à l'homme de Dieu de déceler la source causale du problème ayant engendré la production des actes de déviance chez le délinquant. Concernant ce don, il faut savoir qu'il y a 3 esprits à discerner :
-   L'Esprit du diable
-   L'Esprit de l'homme qui est le plus difficile à discerner.
-   Et l'Esprit de Dieu.

En se référant dans Matt 8 :28-34 et Luc 8 :26-39, nous constatons que le fou était tourmenté par **une légion** de démons ; et Christ a identifié cela. En utilisant son autorité, il a pu chasser cette légion d'esprits.

Certains esprit quittent le corps si et seulement si, ils sont identifiés par leur nom. Sans cela, ils risquent d'y demeurer.

Identifier l'esprit causal de la délinquance aidera au serviteur de Dieu de gagner une longueur d'avance lors des séances de la délivrance.

5.2   Le don de la foi ou la foi surnaturelle

Le serviteur de Dieu doit être muni de don de la foi pour sauver le délinquant.

Ce don n'est pas à confondre avec cette confiance naturelle que chacun possède et qui rend les relations humaines possible (foi naturelle).Il n'a rien avoir avec une foi basée sur le raisonnement ou la foi d'un simple chrétien de nom. Il ne s'agit pas de la foi nécessaire au salut Eph 2 :8 ; ou même de la foi qui s'empare des promesses de l'écriture, LOGOS ; Ce n'est pas non plus le fruit de fidélité dont parle gal 5 :22. La foi générale se base sur la parole de Dieu (foi spirituelle). Mais le don de foi entre en action lorsqu'un problème ne peut être résolu sans que Dieu intervienne de façon miraculeuse. Elle est basée sur le **RHEMA**.

On peut dire que la foi générale saisit les promesses de Dieu contenue dans les écritures. Tandis que le don de la foi saisit des promesses de

Dieu révélées directement par l'esprit dans une circonstance particulière c'est la foi surnaturelle.

Dès que la cause ayant généré la délinquance étant discernée, le serviteur de Dieu va exercer l'autorité sur l'esprit en s'appuyant au don de la foi, car ayant reçu une révélation particulière sur les causes de la délinquance.

Lors de mes Counseling, une jeune sœur en date du 6 janvier 2017, m'a fait un texto que sa vie de prière avait déclinée et qu'elle avait besoin d'un rebond .J'ai consulté le Saint Esprit qui me donna Trois orientations claires et précises sur la baisse de sa vie de prière sur le champ:

−Que la jeune sœur avait un penchant au sexe et qu'elle était tombé très récemment sexuellement,

−Qu'elle devrait laisser le mari d'autrui car Dieu a déjà préparé le sien,

−Qu'elle devrait le servir au sein d'un département car, il a préparé sa restauration et lui a pardonné de tous ses péchés selon Esaïe 43:25 qui dit, **«c'est moi qui efface tes transgressions pour l'amour de moi, et je ne m'en souviendrai plus"**.

Franchement même moi-même j'étais surpris de cette ascension à laquelle Dieu la voulait atteindre. Je l'ai encouragé, et motivé de le faire avec passion car, c'était le RHEMA que j'avais reçu pour elle.

5.3   <u>Le don de la parole de sagesse</u>

Il ne s'agit pas de la sagesse humaine acquise par l'étude, ni l'expérience de la sagesse spirituelle provenant de la connaissance de la sainte bible. Rejetons encore l'idée que seul un homme très intelligent peut recevoir le don de la parole de sagesse. Ce don provient uniquement d'une révélation extraordinaire et surnaturelle reçu de Dieu pour orienter les délinquants en termes de conseils.

Dans le cadre de Counseling entretenu en 2014, j'ai eu à recevoir un cas d'une sœur qui avait besoin d'une explication d'un rêve qu'elle avait fait.

Dans ce rêve elle se trouvait devant la chair au Centre Missionnaire Philadelphie et dans son sac, il y avait un cahier dans lequel était écrit des correspondances en français avec beaucoup d'erreurs. Mais aussi, il y avait du miel qui était dans un sachet. Subitement le sachet connaitra un trou, et le miel commença à s'évacuer ; et au-devant d'elle se trouvaient le Pasteur Roland DALO et maman Vivianne DALO ; et Maman DALO a pris un autre sachet pour empêcher l'hémorragie. Et aussitôt, la jeune sœur se réveilla en sursaut. Elle est venue, tourmentée ce dimanche-là pour en bénéficier d'une interprétation.

Je lui ai dit et fait voir que Dieu avait besoin d'elle, dans un ministère précis, le ministère doctoral essentiellement. Comment est-ce ? L'esprit m'a fait voir que les correspondances écrites en français avec des erreurs constituent « les Hérésies ». Et le miel joue le rôle d'inhiber l'action du poison dans le corps. Parmi tous les 5 doigts, c'est l'auriculaire qui entre dans l'oreille pour enlever le cérumen, c'est le ministère doctoral.

Le cérumen ou les correspondances en mauvais français constituent les Hérésies. Le miel ou l'auriculaire enlève le poison ou le cérumen, c'est le rôle du ministère doctoral. Le sachet qui suinte c'est la fuite ou le refus du ministère, ou de l'appel. La présence de maman Vivianne DALO venant avec un sachet pour arrêter l'hémorragie, c'est la récupération de l'appel ou l'insistance de Dieu. En fait la sœur avait fui l'appel de Dieu mais il l'a récupérée. Quand je lui ai dit toutes ces choses, j'ai vu la lourdeur sur son visage. Les passions, la chair dominaient encore sur elle. Et, était pressée de rentrer. J'ai clôturé par une prière et Dieu m'a dit, que peu importe l'endroit où elle se trouvera, il la captivera.

5.4   Le don de parole de connaissance

Ce don servira au serviteur de Dieu de confirmer avec exactitude en démontrant grâce à la révélation reçue par le Saint Esprit, la vie actuelle ou passée du délinquant par des événements, ou des signes que le Saint Esprit jugera bon de révéler. Ces révélation susciteront au délinquant de bannir tout esprit de doute et le poussera donc à accroitre au maximum sa foi et ses conviction aux orientations de l'homme de Dieu. Exemple: date de naissance, l'histoire de sa vie dans le passé , un sobriquet ancien, niveau de salaire actuel ,nom d'une concubine cachée ,etc.…

5.5   Le don des guérisons

Ce don permettra au serviteur de Dieu de guérir les anciens et mauvais souvenirs. En bref, il permettra de classer dans les oubliettes la vie de l'Egypte celle de la captivité aux péchés.

Une fois en 2015 au mois d'Aout, pendant que je préparais mes prestations en Counseling en prière, le Saint Eprit me donne une vision sur un homme qui avait du mal à se déplacer à cause de son pied qui était gonflé et l'Esprit me confirma que je rencontrerai cette personne, je prierai pour elle et Dieu la guérira. C'était la parole prophétique que j'avais reçu de la part du Seigneur .Deux jours après, ce fut ce dimanche où je devrais prester à l'Eglise, alors que je me préparais pour quitter la maison, de façon audible le Saint Esprit me recommanda de marcher à pied de KASAVUBU jusqu'à l'Eglise Philadelphie Gombe un chemin de trois kilomètres. J'allais comprendre si je manquais de transport, mais cela ne fut pas le cas, j'en avais, mais j'ai suivi cette direction divine ; arrivé sur ex 24 Novembre croisement prince de Liège, je vois quelqu'un tenant un bâton sur lequel il s'appuyait pour marcher avec un pied hyper gonflé et nu en plus ;cette maladie s'appelle **MBASU** jetée par des sorciers(personnes atteintes de la délinquance spirituelle) pour nuire , et ce fût le Prof **JOHN WASUNZULU** qui donna le cours de physique à mon grand frère **SITA UMBA Bienvenu** au Complexe Scolaire Mgr BOKELEALE ou LISANGA à GOMBE vers 1990 et m'a reconnu ;cherchant à m'exposer son problème ,je lui ai communiqué ce que le Saint Esprit m'avait dit ,et me suis mis à prier instantanément comme j'avais reçu la révélation divine, en maudissant cette maladie jusqu'à ses racines en déclarant sa guérison au nom de Jésus Christ de Nazareth.

Trois semaines s'écoulèrent jusqu'au point où je l'ai rencontré sur victoire marchant paisiblement ; je suis descendu de mon bus pour le rencontrer et me confirma que cette maladie avait d'elle-même disparu.

Je ne sais pas ta maladie peu importe son nom, infertilité, kyste, myome, appendicite, sida, cancer des seins et de sang, paralysie faciale ou totale, règle douloureuse, diabète, chômage …etc. …, j'ai une bonne nouvelle pour toi, je maudis ces maladies jusqu'à leurs racines et je te déclare guéri instantanément au nom puissant de Jésus Christ de Nazareth. Dis AMEN.

5.6   <u>Le don de prophétie</u>

Ce don n'est pas un don d'éloquence remarquable ni même une inspiration soudaine jaillie de l'esprit humain. Contrairement à ce que certains enseignent. Ce charisme n'a absolument rien à voir avec la prédication inspirée. C'est bien plutôt le miracle d'un message inspiré directement de Dieu.

Grâce à ce don, l'envoyé de Dieu donnera avec précision l'édification, l'exhortation et la consolation qu'il faut au délinquant selon 1Cor 14:3 . Il est à noter à ce niveau que la prophétie vise toujours le futur.

Une fois lors de mes Counseling en 2014 au mois de Aout, une maman est venue me voir pour un travail, par ce qu'elle ne travaillait pas ; En priant, j'ai lui ai dit tu auras un travail avant le 15 Septembre prochain ;Et bien avant cette date, vers le 9 Septembre Dieu lui a fait grâce d'être recrutée dans une école. Que la gloire soit rendue à Dieu seul.

Mais je profite pour toi qui lis ce livre qui n'a pas encore trouvé un travail, ou tu es à la recherche d'un financement pour commencer un business personnel, en dépit des multiples efforts fournis, et surtout si tu as déposé un CV quelque part, je déclare que demain à la même heure qu'un financement à de plus de 4 chiffres et un travail avec salaire de 4 chiffres vous soient donnés au nom de Jésus-Christ de Nazareth .Ne me demandez pas comment cela se faira mais, dis seulement un grand AMEN de foi et croyez seulement.

CHAPITRE VI : <u>RECONNAITRE LE DON DOMINANT A L'EGLISE</u>

Dans le Counseling entre délinquant et ministre (serviteur) de Dieu, celui-ci doit reconnaitre le don dominant en lui et ses limites.

Si le serviteur sait reconnaitre au préalable ses faiblesses ou se forces dans l 'exercice de dons spirituels, il gagnera une longueur d'avance .Que de serviteur généraliste aimant tout faire, et ne reconnaissant pas leurs limites.

Si le serviteur se rend compte qu'un tel don n'est pas exercé maximalement ou ne lui est pas accordé, il lui serait judicieux d'affecter le délinquant auprès de celui qui a reçu mandant par Dieu pour exercer un tel travail. C'est pour cela que dans certaines églises se pose le problème de la croissance numérique car, n'étant pas la mère de Moise pour donner les seins maternels à l'enfant, comme ce fût le cas de la fille de pharaon dans Exode 2:1–10.

Je suis avec un grand intérêt le ministère du pasteur **KEN LUAMBA** pendant l'intercession de **jeudi ETOKO** sur les **délivrances opérées** auprès des ceux qui sont captifs par des esprits mauvais. Beaucoup de gens sont délivrés de l'emprise du diable et deviennent productifs dans la société .J'ai vu plusieurs maladies disparaitre, des boiteux marcher, des cancers disparaitre, des finances restaurées, des impudiques être délivrés….
Nous bénissons Dieu pour de tel don ; ceci   est une grande fierté pour l'Eglise Corps du Christ. Que Dieu l'amène très loin.
Mais par contre pour ces ministres de Dieu n'ayant pas reçu un tel mandat, un partenariat dans le domaine de délivrance peut s'envisager dans le cadre de sécuriser les destins de membres de l'église étant tourmentés par les esprits négatifs.

CHAPITRE VII : <u>LA MISSION DE L'EGLISE</u>

L'église dans sa triple mission :

Servir et adorer Dieu ; Edifier exhorter et consoler le peuple de Dieu ; proclamer la bonne nouvelle du royaume, c'est-à-dire gagner des âmes via l'évangélisation, telle est sa mission originelle.

-L'adoration consiste à dire ce que Dieu est c'est-à-dire, exprimer ces attributs non moraux en l'occurrence, l'omniprésence, l'omnipotence, l'omniscience.

-L'édification, la consolation et l'exhortation sont essentiellement le rôle de la prophétie (1 Cor 14:3)

-La proclamation de la bonne nouvelle est une de plus grande recommandation de Christ qui consiste à gagner les âmes. Matt 28:19.

Le délinquant aussi sauvé, lavé par le sang de Jésus doit au préalable être armé de ces enseignements:

1. <u>L'assurance du salut</u>

Il doit se rassurer de son salut et le défendre. Il doit savoir que ce n'est pas au prix de ses efforts humains qu'il est sauvé mais, aux prix du sang de Jésus-Christ qu'il est sauvé à cause de la grâce, mais au moyen de sa foi, parce qu'il a cru en Jésus. « Eph 2 :8 ».

2. <u>La méditation de la bible</u>

Pour agir fidèlement aux prescriptions de Dieu, il faudrait méditer sa parole chaque jour « Jos 1 :8 » et ceci nous apporte comme conséquence, le succès dans nos entreprises.

3. <u>La communion fraternelle</u>

Le délinquant doit communier avec les autres pour grandir dans sa foi. Car, l'on ne peut évoluer dans ce monde en vase clos ; on a besoin de fréquenter les autres, écouter leur témoignage dans leur marche avec Dieu, pour nous éviter les erreurs. Car, il n'ya rien de nouveau sous le soleil ; ce que je vis aujourd'hui, les autres l'ont déjà vécu.(Ecl 1:9).

4. <u>La personne du Saint-Esprit</u>

Le saint esprit est le paraclet, le consolateur, joue le rôle d'intermédiation ; il sonde le cœur de Dieu nous réveille quelle est la pensée de Dieu en ce moment. Le saint esprit guidera le délinquant dans sa marche et lui convaincra du péché et de la justice.

Ce n'est pas en vain que Christ a dit aux disciples de ne pas s'éloigner et d'attendre le Saint Esprit. Il fournira des capacités au nouveau converti dans ses adversités au quotidien et le rendra vainqueur.

CHAPITRE VIII : <u>OBSERVATIONS CRITIQUES ET SUGGESTIONS</u>

Dans le cadre de notre analyse pratique, nous avons abouti à la conclusion selon laquelle, que les actes de déviances générés par le délinquant sont souvent d'origine spirituelle. Et derrière l'accoutumance dans la production de ces actes, il y a un esprit qui contrôle l'âme et le maintien dans une telle captivité.

Aujourd'hui, on nous parle de l'opération LIKOFI. Là où les Etats n'ont pas pu apporter le changement maximal de manière, l'Eglise Corps du Christ est capable de compléter ce travail avec une perfection maximale.

Eu égard de ce qui précède, nous suggérons aux Etats de travailler en symbiose avec les Eglises en utilisant comme stratégie d'approche, **l'évangélisation de masse** pour qu'elle supplée à son insuffisance dans l'encadrement moral et spirituel du délinquant .Dès lors qu'ils ont reçu jésus christ dans leurs vies comme Seigneur et Sauveur, ainsi, l'Etat pourrait les réintégrer dans la société en les affectant dans des centres de métiers.

Nous pensons qu'il est judicieux pour chaque Etat, de créer un ministère des affaires spirituelles chapoté par l'Eglise qui s'occupera de la formation spirituelle des délinquants, et après, l'Etat s'occupera de leur réintégration et de la réinsertion du dans la société.

PRIERES SPECIALES DE GUERISONS et MIRACLES

1 .Je renverse et détruis au nom puissant de **JESUS-CHRIST de Nazareth** tous les Autels de délinquance bâtis dans ma vie qui m'exposent à la mendicité , l'alcool, la masturbation, sexe, lesbianisme ,mauvaises fréquentations, dépendance sociale et financière, la sorcellerie ,magie ,satanisme ,colère ,au mensonge, vol, falsification de documents comptables, cupidité, l'envie, banditisme ,au manque de respect aux parents ,au vagabondage improductif .

2. J'engage le sang de **JESUS-CHRIST de Nazareth et le Feu du Saint Esprit** contre ces Autels, je déclare et proclame, je suis libéré de ce joug.

3. Je déclare que je suis enfant de Dieu, car le sang de **JESUS-CHRIST** m'a racheté, je suis libéré de tous mes péchés

4. Je déclare que **JESUS-CHRIST de Nazareth** et le Saint Esprit habitent dans mon cœur et Satan ne peut rien contre moi en ce moment.

Maintenant chers parents à partir de ce moment ne sort plus de paroles négatives sur ton enfant, car vous risquerez de les voir se reproduire exactement dans sa vie ; répètent ceci chaque jour aux oreilles de ton enfant

1. Tu es un champion, un élu de la race royale ;tu es un enfant de **JESUS-CHRIST de Nazareth** qui t'a racheté par son sang

2. Je crois en toi, car même si tu réalises de maigres cotes à l'école, ceci n'est pas ta destinée, car je crois que cette situation est en train de s'améliorer le trimestre qui arrive et tu faira de bons points plus que tous tes amis ; tu es très intelligent ; fais confiance à mes parole et à toi même.

Maintenant, je veux prier pour les maladies physiques et financières.

Je libère la guérison et le miracle dans ta vie ; cette maladie est maudite jusqu'aux racines au nom puissant de **JESUS-CHRIST de Nazareth.** Peu importe son nom, sida, infertilité, kyste, myome, appendicite, cancer des seins et de sang, paralysie faciale ou totale, règle douloureuse, diabète, folie, épilepsie, chômage, stagnation financière …, elles sont toutes brisées maintenant au nom puissant de **JESUS-CHRIST de Nazareth** .Vas te faire réexaminer, car cette maladie a disparu.

Je déclare et je proclame, ta santé est libérée, ton intelligence est libérée, tu recevras des idées ingénieuses ainsi que la créativité .Tes finances sont libérées, ton business se multiplie et il devient florissant, ta promotion au travail est libérée, cette augmentation de salaire qui trainait est libérée ce mois, pas le mois prochain au nom puissant de **JESUS-CHRIST de Nazareth.**
Et tout rongeur de tes finances est rongé au nom puissant de
JESUS-CHRIST de Nazareth

Après avoir fait ces déclarations, tu es maintenant condamné à vivre la santé et la guérison divine, la pauvreté n'est plus ton partage, et ton enfant est sauvé ne redeviendra plus délinquant, et si tu crois à ces choses dis un grand AMEN .Je te béni à jamais et à la prochaine occasion.

BIBLIOGRAPHIE

A.   OUVRAGES

1)MIKE MURDOCK : <u>La loi de la reconnaissance,</u>
                Ed ; nouvelle imprimerie, la ballery chamecry, 2005.
2) OTTOT Anner : Les dons spirituels, www.jesus.thème.com

3) OYEDEPO. David : <u>Vaincre les batailles invisibles, Ed. d'orimon, Lagos,</u>
                <u>2006.</u>

4) WILLIAM. C.k. Varaceurs : <u>La délinquance juvénile : problème du monde</u>
                <u>moderne paris,</u> 7ème Edition, 1964, Fontenoy.

B. <u>ENCYCLOPEDIE</u>
Larousse : encyclopédie en ligne.

C. <u>RAPPORTS</u>
Le rapport d'activité PNMLS 2013

D. <u>COURS</u>
Dr BAHATI JP : <u>Connaitre le paraclet</u>
        7ème période 2014.

Dr BAHATI JP : <u>Comprendre son ministère</u>
        2ème période 2014

SOMMAIRE

www.ingramcontent.com/pod-product-compliance
Lightning Source LLC
Chambersburg PA
CBHW051403150726
48000CB00003B/1308